PLANETA ANIMAL

EL DRAGÓN DE KOMODO

POR VALERIE BODDEN

CREATIVE EDUCATION • CREATIVE PAPERBACKS

Publicado por Creative Education
y Creative Paperbacks
P.O. Box 227, Mankato, Minnesota 56002
Creative Education y Creative Paperbacks son marcas
editoriales de The Creative Company
www.thecreativecompany.us

Diseño de The Design Lab
Producción de Chelsey Luther, Rachel Klimpel, y Mike
    Sellner
Editado de Alissa Thielges
Dirección de arte de Rita Marshall
Traducción de TRAVOD, www.travod.com

Fotografías de Alamy (BIOSPHOTO), Dreamstime
(Isselee, Ray Shiu, Sergey Uryadnikov, Steve Wilson),
Getty (Fox Photos/Stringer), National Geographic (Tui De
Roy/Minden Pictures), Shutterstock (Claudio Soldi, Daniel
Karfik, GUDKOV ANDREY, Moch Fachrurrozi K, Sergey
Uryadnikov)

Library of Congress Cataloging-in-Publication Data
Names: Bodden, Valerie, author.
Title: El dragón de komodo / by Valerie Bodden.
Other titles: Komodo dragons. Spanish
Description: Mankato, Minnesota: Creative Education and
Creative Paperbacks, [2023] | Series: Planeta animal
| Includes index. | Audience: Ages 6–9 | Audience:
Grades 2–3
Identifiers: LCCN 2021061044 (print) | LCCN
2021061045 (ebook) | ISBN 9781640266759 (library
binding) | ISBN 9781682772317 (paperback) | ISBN
9781640008168 (ebook)
Subjects: LCSH: Komodo dragon—Juvenile literature.
Classification: LCC QL666.L29 B6418 2023 | DDC
597.95/968–dc23/eng/20211222
LC record available at https://lccn.loc.gov/2021061044
LC ebook record available at https://lccn.loc.
gov/2021061045

Tabla de contenidos

*Los dragones de Komodo
pertenecen a un grupo de
lagartos llamados monitores.*

LOS dragones de Komodo son los
lagartos más pesados del mundo. Como
todos los lagartos, son reptiles. Esto
significa que sus cuerpos están cubiertos
de escamas y son de **sangre fría**.

sangre fría animales cuyos cuerpos siempre están a la
temperatura del aire que los rodea

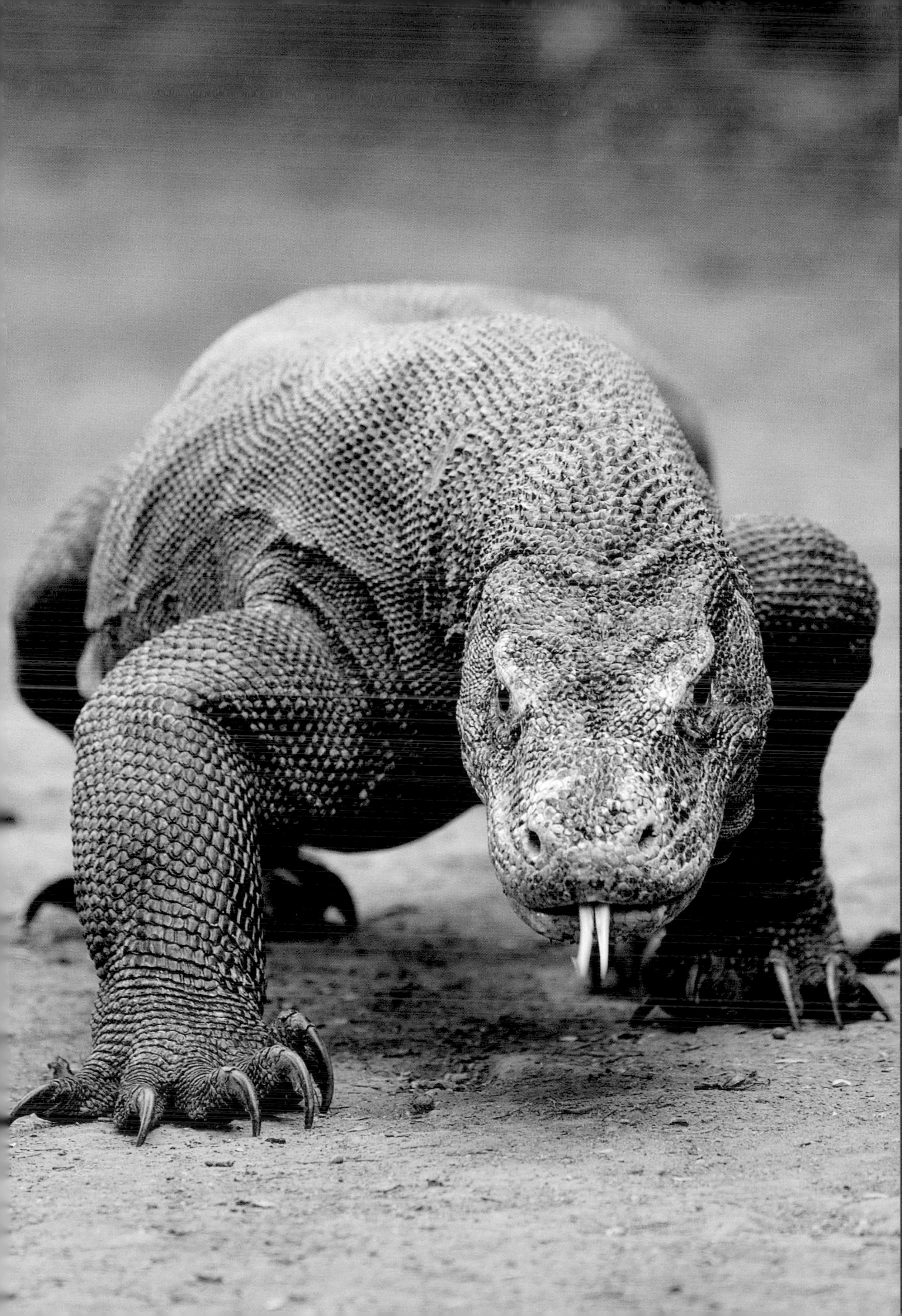

El dragón de Komodo usa su lengua para "saborear" el aire que está a su alrededor (opuesto).

LOS dragones de Komodo tienen piel gris. Tienen dientes afilados y una lengua larga **bifurcada**. Cuando muerden a un animal, introducen su **veneno** en el cuerpo del animal. Los dragones de Komodo también tienen garras afiladas y una cola larga.

bifurcado dividido en dos partes

veneno sustancia dañina que se encuentra en la mordedura o picadura de un animal

LOS dragones de Komodo más grandes miden 10 pies (3 m) de largo. Pesan 300 libras (136 kg). Los dragones de Komodo pueden correr a 13 millas (21 km) por hora en un espacio corto.

Los dragones de Komodo pueden moverse rápidamente, a pesar de que son pesados.

Los dragones de Komodo se hallan en solo cinco islas del mundo. Estas islas son parte de un país llamado Indonesia. Allí el clima es caluroso y seco.

Los dragones de Komodo pueden pelear entre sí para proteger su territorio.

LOS dragones de Komodo comen casi cualquier carne. Buscan animales muertos y podridos. También matan animales como búfalos de agua y ciervos. ¡A veces comen dragones de Komodo más pequeños!

Los dragones de Komodo pueden tragar rápidamente grandes trozos de carne.

Los dragones de Komodo jóvenes viven en los árboles durante la primera parte de sus vidas.

La hembra de dragón de Komodo pone de 10 a 30 huevos en una **madriguera**. Cuando las crías salen de los huevos, se trepan a los árboles cercanos. Allí pueden esconderse de aves, serpientes y otros dragones de Komodo. Los dragones de Komodo adultos no tienen **depredadores**. Pueden vivir cerca de 50 años en la naturaleza.

depredadores animales que matan y comen a otros animales

madriguera un agujero o túnel en el suelo donde vive un animal

Los dragones de Komodo pasan la mayor parte del tiempo descansando. Se echan al sol en la fresca mañana y por la tarde. Se esconden en madrigueras o a la sombra cuando hace calor. Después de una gran comida, los dragones descansan hasta una semana.

Los dragones de Komodo pueden descansar o hacer guardia cerca de sus madrigueras.

Los dragones de Komodo viven solos. Pero a veces un grupo de dragones se reúne alrededor de una gran comida. ¡A menudo se pelean por la comida!

Los estómagos de los dragones de Komodo se agrandan a medida que comen más comida.

No muchas personas viven cerca de los dragones de Komodo, pero algunas viajan para verlos en Indonesia. La gente debe tener cuidado de no acercarse demasiado. ¡Si no, los dragones podrían embestir! Los dragones de Komodo también viven en algunos zoológicos. ¡Puede ser emocionante ver a estos poderosos lagartos moverse, comer y pelear!

El dragón de Komodo puede silbar para advertir a las personas que están demasiado cerca.

Un cuento del dragón de Komodo

La gente de Indonesia cuenta una historia sobre gemelos. Uno era un niño humano. La otra era una niña dragón. No se conocían. Un día, el niño estaba cazando. Un dragón intentó robarle su ciervo. ¡Un **espíritu** le dijo que el dragón era su hermana! Le dijeron que la tratara como a su igual. Le dio su ciervo al dragón. Desde entonces, los indonesios han tratado a los dragones de Komodo con amabilidad.

espíritu ser misterioso que no es humano

Índice